LA

POLITIQUE D'UN INDUSTRIEL

GOUVERNEMENT

DU

PAYS PAR LE PAYS

LE COMICE ÉLECTORAL

PRIX ; **50** c.

Au profit de l'œuvre des amputés.

1871

LA

POLITIQUE D'UN INDUSTRIEL

GOUVERNEMENT

DU PAYS PAR LE PAYS

LE COMICE ÉLECTORAL

LE

COMICE ÉLECTORAL

AUX INGÉNIEURS CIVILS

M. Odilon Barrot dans, ces quelques pages si pratiques que nous devrions tous lire et relire : De la *centralisation et de ses effets*, critique vivement et avec une grande raison cette pensée trop répandue malheureusement en France : « Celui-là est sage, car il ne se mêle que de ses affaires et *ne ne s'occupe pas de politique.* »

Qui de nous n'a pas à se reprocher d'avoir admis ce raisonnement spécieux et d'avoir même contribué à propager cette idée? Combien seraient disposés aujourd'hui à combattre cette tendance, qui sont retenus par cette maxime? « on ne fait bien que ce qu'on sait faire. » quand il s'agit de nos propres affaires et que nous ne savons pas, nous étudions et nous apprenons vite.

Est-ce donc vraiment une science que la politique?

Nous en laisserons-nous longtemps encore imposer par la prétention de quelques personnages qui, profitant d'un sentiment exagéré de soumission au pouvoir, ont remplacé la noblesse par l'homme politique, cette spécialité indéterminée, mal définie, sans consécration ; on se demande comment on l'est devenu, on ne sait pas pourquoi on ne l'est plus. Pourtant on admet que seul il sait ce qu'il faut pour le bonheur du pays ; on lui laisse toute initiative, il proclame la nation souveraine, mais maintient avec acharnement la municipalité en tutelle, parce qu'il en est le tuteur ; il décide de la forme du gouvernement, des libertés possibles et des libertés *nécessaires* !

Tout cela n'est que factice ; le bandeau tombé un moment de nos yeux en 1789 a été remplacé par un verre grossissant, enlevez le verre, regardez-y de près et vous ne trouverez dans toutes les questions dites *politiques* que les conséquences des affaires que nous faisons chaque jour. Les affaires publiques sont, pour la plus grande partie, plus faciles à résoudre, par le simple gros bon sens, que bien des affaires particulières.

Faisons donc nos affaires nous-mêmes ; nous ne sommes plus assez riches pour avoir des régisseurs qui, moyennant de fortes primes levées sur les dépenses, débarrassent le maître de tout souci jusqu'à ce que l'abus devienne tel que le maître jette le régisseur enrichi à la porte et le remplace par un autre qui fait de même et conduit au même résultat. Il faut être bien riche pour résister longtemps à ces crises répétées, et ceux-là seuls évitent les désastres qui, ramenés au devoir par ces leçons, comprennent qu'il faut s'occuper soi-même de ses affaires.

La France en est là, elle en a assez essayé de ces régisseurs avides; une nouvelle épreuve ne lui laisserait plus de ressources suffisantes pour se relever.

Les *politiques* de tous les partis ont montré et leur impuissance et l'impuissance de leurs moyens. Incapables de créer, ils ont toujours regardé derrière eux pour chercher dans l'histoire des analogies qu'ils ne pouvaient pas y trouver, et les uns après les autres, ils ont, comme l'astronome de la fable, culbuté contre l'obstacle qu'ils ne voyaient pas.

Assez de ces copistes des temps passés, Brutus, Césars ou Machiavels de théâtre ; ils répètent toujours un rôle et pour leur comédie affublent notre belle France de vêtements trop étroits qui se déchirent à chaque mouvement qu'elle veut faire. — *Vieux habits, vieux galons* toujours.

Il faut innover, il faut inventer même ; c'est à la raison qu'il faut s'adresser et non plus aux souvenirs.

Le Pouvoir était le maître, il doit être le serviteur. L'initiative venait du Gouvernement, elle doit venir de la Nation, de l'électeur.

Qui sera plus à même de guider le pays dans

cette nouvelle voie, de provoquer ces innovations, que ceux qui ont poussé l'industrie pour ainsi dire aux dernières limites, par cet esprit de recherche du mieux qui est la loi du progrès ?

Et qui pourrait mieux appliquer cet esprit aux grandes réformes dont dépend le salut du pays, à ces réformes sociales surtout, que le génie civil ?

Sortis en grand nombre de la classe ouvrière, les ingénieurs civils sont un démenti formel aux phrases ampoulées de ces ambitieux, fruits secs de tous les métiers, qui ne cessent de répéter aux ouvriers que les portes de la société leur sont à jamais fermées.

Aucune classe de cette société n'est mieux placée pour aborder avec autorité les questions sociales dont la solution s'impose aux moins clairvoyants, mais dont la seule pensée fait trembler les égoïstes prêts à appeler à leur secours les baïonnettes du despotisme ; ils appelleraient, au besoin, celles de l'ennemi détesté qui vient de nous écraser sous le nombre de ses canons.

Les ingénieurs sont les intermédiaires naturels, on pourrait dire le trait d'union entre ces deux grandes divisions de toute agglomération d'hommes toujours séparés malgré les efforts du christianisme : ceux qui envient et ceux qui sont enviés.

Aux premiers ils peuvent dire : donnez-nous vos bras, votre courage et vous rapporterez à la maison de bons salaires qui vous permettront de faire de vos fils des ingénieurs comme nous. Aux autres ils diront : donnez-nous votre argent, et, tout en vous servant de gros intérêts, il vous assurera l'ordre et la tranquillité sans lesquels la richesse devient un tourment.

Pouvant alors assurer du travail à tous les bons ouvriers, il leur sera facile d'exciter dans ces cœurs généreux, égarés trop souvent par cette générosité même, un noble élan patriotique pour amener la rupture de toute *association internationale* dans laquelle, aujourd'hui, un Français est exposé à serrer amicalement une de ces mains odieuses couvertes du sang, non pas seulement de nos soldats, c'était la loi de la guerre, mais de nos malheureux paysans, si timides cependant, de ces femmes, de ces enfants, de ces viellards égorgés, sans nécessité, à la lueur des incendies de leurs pauvres chaumières.

Ces bons ouvriers comprendront, quand la crainte de la misère, cette mauvaise conseillère, ne parlera pas, qu'il ne peut plus y avoir rien d'international entre un *Prussien*, quelqu'il soit, et un cœur vraiment français.

Mais les questions sociales sont aujourd'hui trop intimement liées à notre système gouvernemental, au suffrage universel, pour qu'elles puissent être traitées utilement sans faire de la *politique*.

Faisons donc de la politique! mais de la politique toute nouvelle, de la politique rationnelle, cherchant, non le succès de tel ou tel parti, mais le bonheur, la grandeur de la France.

Que la raison nous guide! elle nous a bien permis d'arracher les secrets les plus intimes à la matière.

Faisant de la politique rationnelle, nous n'aurons pas à craindre ces discussions passionnées où la violence remplace trop souvent la logique. Nous sommes modérés par état, la nature nous apprend tous les jours qu'il faut céder à propos pour vaincre à l'heure propice.

Nous n'aspirons pas, en général, aux honneurs publics et nous ne devrons chercher qu'une chose, le *plus grand bien-être général*; nous ferons intervenir dans la recherche de ce *beau problème humanitaire* les solutions politiques tout comme nous y avons appelé bien souvent les solutions techniques.

Dans la pensée de provoquer l'admission de ces questions *politiques*, dans les discussions de la société des ingénieurs civils, je me permets de rassembler quelques considérations, fruit de longues et tristes réflexions pendant le cours de nos désastres, qu'un journal a cru pouvoir intéresser ses lecteurs.

Plusieurs de nos collègues ont publié des études

bien plus sérieuses, bien plus complètes sur les réformes urgentes que réclame l'état navrant de notre pauvre pays; ils se joindront à moi pour demander que la société déclare ouvertement qu'elle ne se croit plus tenue à la distinction toute factice établie par les gouvernements autoritaires entre les questions polititiques et les questions administratives. En fait d'affaires publiques il n'y a qu'une question : celle de l'*amélioration du sort du plus grand nombre*.

Pour ceux qui, animés du vif désir de servir leur pays autrement qu'en tuant le plus d'hommes possible, ont le courage d'écrire, il ne suffit pas d'être lus par quelques amis trop bienveillants, il faut être discutés librement, consciencieusement. La société des ingénieurs civils doit à ses membres, elle doit au pays, dans cette crise terrible, de faciliter ces discussions, afin de prêter son concours le plus entier à l'expansion de toute idée qui aurait pour but la régénération de notre chère France.

Paris, juin 1871.

Ernest Chabrier,

Ancien élève de l'École centrale des arts et manufactures.

Extrait des journaux La Somme, d'Amiens, et La France du Nord, de Boulogne-sur-Mer.

GOUVERNEMENT

DU PAYS PAR LE PAYS

LE COMICE ÉLECTORAL

> Qu'on ne craigne pas de réunir, de grouper les citoyens entre-eux ; c'est leur isolement qui les livre aux excitations de la haine et de l'envie dont nous avons tant à gémir.
>
> ODILON-BARROT. — 1861.

L'ASSEMBLÉE NATIONALE.

Depuis quatre-vingts ans bientôt la Province accepte avec une résignation qu'elle-même a peine à comprendre, tous les changements de gouvernement décrétés par une faible minorité de la population parisienne ; la Province se révolte contre cet état de choses, elle demande la *décapitalisation* de Paris.

C'est contre elle-même qu'elle devrait se révolter ou plutôt contre le triste usage qu'elle a fait du droit de choisir les représentants chargés de contrôler en son nom les actes des Gouvernements.

M. Raudot a dit à la tribune avec l'assentiment de toute l'Assemblée :

« En France on ne se résout à une amélioration que lorsqu'elle est imposée par les événements. »

C'est qu'en France le *Pouvoir*, malgré toutes nos révolutions successives, est toujours resté la représentation de la Providence sur la terre il s'appelait le Roi, on l'a appelé le Gouvernement,sans rien changer.

On lui a bien adjoint une Assemblée des représentants du peuple,mais la déplorable influence que les gouvernants ont toujours exercée sur les élections a rendu cette précaution illusoire.

Le Gouvernement étant le dépositaire de toutes les libéralités budgétaires, les populations, qui ne connaissent l'action gouvernementale que par ces libéralités, ont nommé pour les représenter ceux qu'elles croyaient le plus à même de leur assurer une plus grande part dans la distribution de ces *faveurs*.

Chaque Gouvernement, après chaque Révolution, n'a eu qu'une préoccupation faire nommer le plus grand nombre possible de ses partisans, c'est-à-dire échapper au contrôle du pays; les républicains eux-mêmes ont mérité ce triste reproche, les fameuses circulaires de 1848 en font foi.

Dès lors la Province devait être et a été représentée bien plus par des personnages de Paris, connaissant à peine les localités, que par des habitants du pays vivant de la vie de leurs électeurs et connaissant leurs besoins.

Les hommes au pouvoir cherchent peu les améliorations, ils trouvent que tout est toujours pour le mieux ; quelle impulsion, quel contrôle pouvaient exercer sur eux des représentants nommés surtout pour solliciter leurs faveurs !

Les épouvantables résultats de la guerre, une réaction inévitable contre le Gouvernement qui avait inutilement tenté d'organiser la victoire, ont fait des élections de 1871 non pas les plus libres, — jamais peut-être la France n'a eu à se prononcer avec moins de liberté d'esprit, — mais sans contredit les plus indépendantes de toute influence officielle ; c'est certainement la première Assemblée régulière nommée spontanément par les populations, et elle a bien fait de revendiquer l'épithète de *rurale* dont les *citoyens* ont voulu la flétrir.

On peut demander, on doit espérer d'une telle Assemblée, quelle que soit l'opinion ou les opinions politiques de ses membres, de réelles, de grandes améliorations, de celles qui sortent toujours d'une réunion de Français convoqués au nom de la Patrie en danger.

Cette Assemblée doit être rurale, la France étant essentiellement agricole, on l'oublie trop dans les cités ; mais elle doit se défendre d'être réactionnaire, la France dans le concert des peuples ne pouvant pas être réactionnaire ; c'est la France qui donne le mouvement aux idées, elle est *libérale*, l'Assemblée doit être libérale ; il faut en outre qu'elle se garde bien des stériles copies du passé ; qu'elle fasse des *améliorations*, qu'elle inaugure des dispositions nouvelles au risque de se tromper ! elle peut être révolutionnaire, *la Patrie est en danger.*

Autrefois le dévouement à son pays consistait à lui sacrifier sa vie, jamais un Fran-

çais n'a hésité ; aujourd'hui, c'est le sacrifice de son opinion, de sa conviction même, qu'il faut être prêt à faire à la France abattue; c'est aux représentants du pays à en donner l'exemple.

L'Assemblée de Versailles peut décider qu'elle n'a pas reçu la mission de faire une Constitution ; Mais elle doit réorganiser le pays et pour cela elle a reçu un mandat impératif, quoiqu'il ne soit exprimé dans ancun manifeste; celui de faire cesser à tout prix, l'état de choses anormal, intolérable qui fait que les changements de Gouvernement sont imposés à toute la France par une très-faible minorité de ses habitants, sans laisser à la majorité d'autre moyen de refuser son adhésion que la résistance armée, les horreurs de la guerre civile!

C'est là une nécessité aussi urgente, aussi impérieuse que la conclusion de la paix et qui fait bien partie de ce programme énergiquement posé par le chef du Pouvoir exécutif : *Mettre le pays en état de se donner une Constitution durable.*

Cette grande reforme ne doit pas s'obtenir en retirant de Paris la résidence des pouvoirs constitués, ou même en décapitalisant Paris.

La France est fière de sa capitale, le monde entier la lui enviait, Paris doit rester Paris. Ce ne serait là qu'un expédient, et l'amélioration demandée doit avoir une telle importance sur la tranquillité à venir du pays, sur sa réorganisation, que l'Assemblée ne doit reculer devant aucun sacrifice pour la réaliser.

Elle rompra, s'il le faut, sans arrière-pensée, sans se préoccuper des intérêts froissés, avec toutes celles de nos institutions que des préjugés seuls soutiennent, qui sont en contradiction flagrante avec les principes proclamés par notre grande révolution de 89, et ne répondent plus aux besoins nouveaux, créés par le progrès incessant de la civilisation moderne.

Laissons une bonne fois à l'histoire ces souvenirs d'un autre âge, glorieux certainement, mais aussi déplacés que le seraient l'éclairage aux torches, les coches ou les télégraphes aériens.

Le respect absolu des principes dans la révision indispensable de nos institutions, peut seul élever l'Assemblée assez au-dessus des difficultés sans nombre qui l'environnent pour lui permettre d'accomplir dignement son œuvre de réorganisation.

Les hommes qui depuis le commencement de ce siècle ont eu l'honneur de prendre part à la direction des affaires de leur pays, n'ont jamais eu la force, l'énergie de faire céder leurs sympathies personnelles au respect des principes. Ils peuvent avoir eu pour excuse la crainte de troubler par des mesures trop radicales un état de prospérité vraiment prodigieux qui semblait se jouer des révolutions elles-mêmes, et grandissait après chacune d'elles.

Cette force d'autant plus grande, cette énergie d'autant plus difficile à avoir qu'il faut l'exercer sur soi-même, l'Assemblée doit la puiser dans les affreux malheurs qui désolent la France ; elle peut prendre des mesures radicales, il n'y a pas, hélas ! de prospérité à troubler.

Tous les Français doivent en ce moment à la France le sacrifice sincère de leurs mesquines divisions politiques; elle est assez douloureusement frappée pour mériter cette preuve de dévouement: soyons Français avant d'être d'aucun parti.

Plus de royalistes, d'impérialistes ou de républicains; des Français, tout pour la France si malheureuse !

L'INTENTION.

Parmi les générations de Français qui, aujourd'hui dans la force de l'âge, doivent à leur malheureux Pays le concours absolu de leur intelligence et toute leur énergie, celles sorties des écoles spéciales dans les années qui ont précédé le grand mouvement libéral de 1848, semblent placées dans des conditions particulières pour apporter, dans la grande œuvre de réorganisation du pays, une influence nouvelle, cet esprit d'innovation, de création qui a tant aidé au progrès de l'industrie.

Entrés dans la vie des affaires lors de la proclamation du suffrage universel, ils avaient pensé, dans leur naïveté d'adolescent, que cette institution remettait au mains des Français la direction de leurs affaires et donnait enfin une forme réelle à la *Souveraineté du peuple*. Pour eux la distinction toute monarchique d'homme privé et d'homme politique disparaissait puisque chacun était appelé à participer au Gouvernement et à faire de la politique.

La désillusion ne se fit pas attendre; l'élection du 10 Décembre leur montra les Français encore sous le charme des quelques années de tranquillité que leur avait procuré la remise des pouvoirs de la Nation aux mains d'un seul, le Monarque.

D'autant plus découragés qu'ils avaient plus espéré, ces jeunes gens excités, par le souffle révolutionnaire, ambitieux d'innovations et de perfectionnements se sont

rejetés sur les grandes opérations indus-
trielles qui s'élaboraient alors, et ce concours n'est pas étranger au développement
si prodigieux de l'industrie que l'Empire a
su, adroitement, se faire attribuer.

La politique perdit tout intérêt pour ces
esprits positifs, qui ne pouvaient se conten-
ter de la lecture des proclamations ou des
beaux discours et ils s'en écartèrent telle-
ment que beaucoup, du fond de leur bureau
ou du laboratoire, ont dû admettre la nécessité spécieuse du pouvoir autoritaire
pour leur pays.

Cependant d'autres générations suivaient
et, poussées par la mission que la nature a
donnée à la jeunesse, le mouvement, elles
revendiquaient les droits auxquels leurs de-
vanciers avaient cru devoir renoncer; ces
revendications amenèrent le Gouvernement
le plus centralitaire à prétendre fonder, à
promettre audacieusement le Gouvernement du pays par le pays.

Ce n'était qu'un expédient électoral et
cependant il produisit un véritable réveil
des aspirations endormies depuis vingt ans.
Ce réveil se traduisit par le mouvement si
libéral qui se manifesta au moment des
élections de 1869.

Les industriels ont accueilli la déclara-
tion de guerre avec une profonde tristesse,
c'était la suspension de leur vie ; mais l'esprit patriotique s'était révolté à l'annonce
faite officiellement à la tribune, d'une in-
sulte à un ambassadeur français et, avec
toute la France, ils crièrent aux armes
comme l'homme de cœur provoque lui-
même celui qui l'a offensé, quelqu'hor-

reur que lui inspire la solution brutale du
duel.

Ces jeunes gens de 1848 avaient, en 1870,
passé l'âge que fixait la loi de la levée en
masse ; de plus, les républicains ayant
maintenu l'action si déplorable de la centralisation impériale, tout le soin de préparer la défense nationale fut laissé aux
employés de préfecture, et, à quelques ex-
ceptions près, aucun d'eux n'obtint de mettre au service du pays cette expérience utile
que donne la recherche et l'application des
solutions nouvelles.

Les affaires arrêtées partout les laissaient
en outre dans une complète oisiveté, qui
leur a permis de réfléchir longuement et
bien amèrement sur les épouvantables
effets de cette politique autoritaire ; ils
l'avaient acceptée, avec un certain égoïsme,
parcequ'elle favorisait leurs travaux, tout
en donnant satisfaction au besoin le plus
impérieux du pays, le travail.

L'industriel, en général peu historien,
ne pourra pas appuyer ses propositions sur
des exemples tirés du passé; il est obligé de
prouver leur efficacité par le raisonnement;
il fera de la politique rationnelle ; comme
il est exposé par la même raison à présen-
ter des solutions déjà connues, il fera souvent de la politique *naïve*.

Sans attache politique, aussi éloigné des
républicains qui nient l'omnipotence du
suffrage universel, que des partisans du
suranné droit divin, nous admettons la
perfectibilité de tout Gouvernement de fait
qui voudra sincèrement mettre ses institu-

tions en parfaite harmonie avec les principes qu'il ne conteste pas.

Nous n'entendons, dès lors, nous prononcer pour aucun parti; nous voulons rechercher, par les moyens familiers en industrie, le raisonnement et la logique, les meilleures conditions dans lesquelles la France, notre malheureuse France, doit être placée, pour arriver rapidement au bien-être du plus grand nombre possible de ses habitants, afin de travailler utilement à la prompte réparation des désastres, sans précédents qu'elle vient de subir.

LE BUT.

Nous avons la conviction profonde que la Centralisation impériale a été la cause principale de tous nos désastres ; c'est elle qui a laissé nos malheureuses contrées envahies sans direction, sans ressources pour la défense ; c'est elle qui a fait que les neuf dixièmes de la population n'ont pris aucune part à l'organisation de la résistance à l'invasion. Cependant, nous n'en parlerons pas, des hommes considérables traitent cette question ; en outre, nous regardons la Centralisation comme une conséquence du pouvoir autoritaire, qui n'a pas cessé de gouverner la France, même en République, et c'est la cause qu'il faut combattre.

La Centralisation a fait l'unité de la France ; elle a accompli une belle et grande chose, mais sa tâche est terminée, et elle ne sert plus que de prétexte aux idées les plus insensées de destruction de sa magnifique œuvre, dont le monde entier n'offre pas un second exemple. Tous les sentiments patriotiques se révoltent à l'idée de désorganisation de cette œuvre qu'entraîne le mot presque sinistre de *fédération*.

L'unité, l'unité à tout prix, l'unité la plus absolue, l'unité française en un mot !

Comment peut-on penser à diviser ce grand tout, quand les partis, si cordialement rapprochés par la défense nationale, sont prêts, pour relever le pays, à se fondre dans ce grand parti de l'ordre, qui accueille toutes les opinions, leur accorde toute liberté à la condition de tout soumettre à la décision de la majorité, au suffrage universel !

Les partisans dévoués se réduisent aujourd'hui à quelques familiers directement interressés au succès de la cause des prétendants, mais les Français, qui n'ont pas eu la bonne fortune d'approcher les princes, demandent avant tout à leur parti le maintien de l'ordre ; ils en changeraient sans se préoccuper du chef, si un autre leur paraissait plus en mesure d'y parvenir.

Or, depuis la monarchie de droit divin qui en appelle aux souvenirs du temps passé, jusqu'à l'Empire, qui comme la Prusse peut dire la force prime le droit, tous les partis promettent à la France la souveraité du peuple, le *gouvernement* du *pays par le pays*.

Organisons donc ce Gouvernement, sans nous préoccuper du nom qui lui sera donné, mais réellement, sincèrement. Tout le parti de l'Ordre, et c'est la France, se réunira autour de cette formule, pour travailler à l'œuvre de pacification et d'union, qui seule peut assurer à notre malheureuse Patrie une revanche grande, noble, digne encore de la première nation du monde.

Nous plaçant au point de vue purement logique, sans accorder trop d'influence aux événements accomplis, nous avons cherché inutilement la corrélation entre les principes décrétés par notre immortelle Assemblée de 1789 et les institutions politiques qui nous régissent ; nous n'avons trouvé que des contradictions qui certes suffisent à expliquer l'instabilité si funeste des Gouvernements que nous avons eus depuis cette grande Révolution si pacifique.

Deux de ces principes, la base même de notre Société moderne, n'ont jamais reçu une application sincère ; les gouvernements qui se sont succédé n'ont pas eu l'impudence de les contester, mais aucun n'a eu l'honnêteté d'y conformer nos institutions.

Ces deux principes sont :

L'égalité pour tous devant la loi ;

La participation de tous aux affaires publiques.

L'esprit de la nation, entraîné, oblitéré par les victoires de l'Empire, perdit jusqu'au sentiment de la grande idée de l'égalité, le premier, le plus légitime, le plus chrétien des Droits de l'Homme. Sans contester, sans discuter même ce principe sacré, il a été publiquement violé par la restauration de la Monarchie de droit divin, imposé, il est vrai, par l'invasion.

En 1830, les idées étaient encore si confuses que les hommes les plus sérieux mêmes acceptèrent cette transaction, ce régime anglais, la Monarchie constitutionnelle, qui, en déclarant l'irresponsabilité du chef du Pouvoir, renie non-seulement l'égalité mais le principe même de la justice chrétienne, qui veut que chacun soit traité selon ses œuvres.

Le principe de la participation de tous au gouvernement n'a pas été plus respecté ; la prétendu représentation du Peuple par les Chambres représentatives élues sous l'influence des gouvernants n'était pas sérieuse ; en 1848 même ce principe n'a reçu qu'une satisfaction, toute apparente, par l'établissement du suffrage universel.

Imposé par une Révolution, brusquement appliqué, sans réglementation, sans préparer le Pays à s'en servir, cette belle institution qui devait permettre au Pays de se gouverner lui-même, n'a servi qu'à rendre la nation complice d'un monstreux despotisme, légitimé par les plébiscites.

Quelle part ses détracteurs ne sont-ils pas en droit de lui attribuer dans l'horrible drame auquel nous assistons.

Le principe de l'égalité devant la loi exigeait impérieusement que les Français aient tous, sans exception, des droits égaux devant l'urne électorale, la loi suprême.

Or le pouvoir héréditaire est la négation de l'égalité devant cette loi, il est une violation flagrante de ce principe et en moins de soixante années la France a eu à *déshériter* quatre princes *héréditaires* !

Tout Français honnête, indépendant, logique doit au Pays et se doit à lui-même, à sa conscience, de résister loyalement, ouvertement à toute institution qui tolèrerait un pouvoir héréditaire quelconque. Aucun dévouement, aucune amitié ne peut faire taire ce devoir.

La participation de tous aux affaires communes, n'a été présentée que comme un droit, c'est aussi et surtout un devoir. Tout Français doit être tenu de donner son avis, quand le Pays le demande. Il doit avoir le droit de poser toute question d'intérêt général, mais à la condition d'avoir l'obligation, le devoir de répondre aux questions qui lui sont posées.

Le principe de la participation de chacun aux affaires de tous, ne sera pas respecté, la souveraineté du peuple ne sera qu'un vain mot, tant que l'initiative des mesures à prendre n'appartiendra pas à chaque membre de la famille politique, à chaque électeur. Cette initiative, par une assimilation bien illogique à l'ancien régime, descend encore aujourd'hui des gouvernants au gouvernés, au lieu de remonter des gouvernés au gouvernants, ou mieux des électeurs aux élus, des mandants aux mandataires; il n'y a ni gouvernants ni gouvernés quand le Pays se gouverne lui-même.

Le but que l'Assemblée, que le pays tout entier doit chercher à atteindre, c'est l'établissement sincère, réel du gouvernement du Pays par le Pays.

Cette solution s'impose, elle devient de jour en jour plus impérieuse. Si un Gouvernement régulier n'a pas le courage, l'énergie de passer outre aux objections que rencontre toute disposition nouvelle, l'émeute tôt ou tard s'en chargera avec sa brutalité trop connue.

LE MOYEN

L'égalité devant la loi ne se démontre pas, c'est un fait; un peuple en jouit ou n'en jouit pas, suivant ses institutions politiques.

La participation aux affaires publiques, au contraire, est un acte qui doit être réglé et auquel il faut donner le moyen de se produire.

Une nation ne se compose pas seulement de la réunion des habitants; c'est aussi et surtout l'ensemble des agglomérations de ces habitants; les paroisses et les cités autrefois, aujourd'hui les communes, qui sont l'élément administratif de la nation.

Au point de vue politique, une nation ne doit pas davantage être l'ensemble des électeurs, il faut qu'elle se compose d'agglomérations d'électeurs, afin d'avoir l'élément gouvernemental. Cet élément n'existe pas dans nos institutions, et cette lacune si grave suffit bien à expliquer le fonctionnement incohérent de notre machine gouvernementale; il manque un rouage essentiel : elle est incomplète.

Pour combler cette lacune, il faut créer l'agglomération d'électeurs, faire l'individu gouvernemental, le véritable élément du pouvoir; appelons cet élément *le comice électoral*.

Comme la commune est formée des habitants de la même localité, le comice sera formé d'un certain nombre d'électeurs pris dans les habitations d'une même localité, les plus voisines les unes des autres.

Le comice aura naturellement tous les droits des électeurs dont il se compose ; dès lors, égalité de droits entre les comices et part égale dans la participation aux affaires publiques. C'est la loi du nombre qui régit le suffrage universel ; les comices, pour avoir des droits égaux, devront être tous composés du même nombre d'électeurs ou de nombres sensiblement égaux : il est essentiel de donner à l'avis de chacun d'eux, une même valeur numérique.

Ce nombre se déduit de la fonction même du comice: réunion de personnes qui ont à discuter. Il doit permettre que chacun puisse entendre et se faire entendre. Il semble que 500 soit un chiffre maximum convenable.

Ce chiffre ou tout autre étant adopté, la subdivision de tous les électeurs du pays se fait très-simplement. Toute commune ayant moins de 500 électeurs, constituera un comice ; c'est un avantage pour les petites communes, mais, comme en général elles représentent des intérêts territoriaux bien supérieurs à leur nombre d'habitants, il y aura une compensation qui ne sera que juste : 500 ou toute autre.

Au-dessus de ce chiffre, les électeurs d'une commune quelconque, ville ou village, chef-lieu ou non, sont divisés en groupes d'un nombre égal d'individus, le plus rapproché de 500 sans le dépasser. Ainsi, les communes de 500 à 1000 électeurs formeront deux comices, chacun de la moitié du nombre des électeurs; celles de 1000 à 1500 en formeront trois, chacun du tiers et ainsi de suite ; celles de 15500 à 16000 électeurs

formeront 32 comices de 484 à 500 électeurs
et si Paris a 500,000 électeurs il aura 1000
comices.

La réalisation immédiate de cette disposition ne présente à première vue aucune
difficulté sérieuse; elle ne touche en rien à
notre organisme administratif. Donne-t-elle
à chaque électeur le droit d'initiative? ab-
solument.

Comme l'électeur individu politique, le
comice individu gouvernemental sera tenu
de donner son avis sur toute affaire publique, il aura le droit de poser des questions
aux autres comices, mais il aura le devoir,
l'obligation de répondre à toutes leurs
questions.

Chaque membre d'un comice, tout électeur français par conséquent, pouvant sai-
sir son comice de toute question d'intérêt
commun, et la proposition votée par le
comice devant être soumise à tous les comices qu'elle intéresse, un électeur quelconque peut soumettre et faire approuver
par la France entière toute idée sur toute
question d'intérêt général.

Le comice qui a voté une proposition la
soumet aux autres comices de la même
commune par l'intermédiaire du conseil
municipal, chargé de recueiller les décisions et d'aviser à la réalisation des vœux
de la majorité, si elle ne concerne que les
intérêts de la Commune.

Lorsqu'une mesure intéressera deux ou
plusieurs communes, le conseil municipal
qui en aura pris l'initiative en saisira le
conseil du canton ; pour deux cantons le
conseil général interviendra et pour deux

départements ce sera l'Assemblée nationale, comme pour toute mesure intéressant le Pays tout entier.

La mesure votée devient obligatoire pour tous ceux qui ont été appelés à prendre part au vote.

Mais toute décision devra se renfermer strictement dans les limites de la loi que nul ne peut interpêter si ce n'est le juge, que l'Assemblée nationale seule peut modifier. La loi c'est la France, elle est une et indivisible, comme elle, pour tous les Français. L'Assemblée nationale la vote, le pouvoir exécutif la proclame et en surveille l'exécution, qui devra être confiée à chaque commune en ce qui la concerne.

On objectera, car on cherche toujours l'objection avant de considérer les avantages, on objectera l'indifférence des électeurs. En est-il donc autrement pour tous les devoirs civiques ? On a bien été indifférent, même souvent récalcitrant, au service de la garde nationale, cela n'a pas empêché de rendre ce service obligatoire. Une loi, une loi sévère, car il ne s'agit que de bonne volonté, des peines qui peuvent aller jusqu'à la privation de droits civiques, prescrira la présence obligatoire aux séances des comices.

Des réunions hebdomadaires, mensuelles peut-être, une ou deux heures le soir après le travail, ou le dimanche matin, suivant les décisions du comice lui-même, suffiront presque partout; des convocations à domicile, autorisées par le conseil municipal ou son délégué donneront satifaction aux questions urgentes.

Qui donc pourrait prétendre refuser un si faible sacrifice de son temps à la régénération de son pays et trouver injuste la peine qu'aura mérité celui qui s'y refuserait?

LES CONSÉQUENCES

Le gouvernement du pays par le pays, voilà le vœu de tous les Français, sans distinction de partis politiques; le comice électoral, que nous proposons, donne satisfaction complète à ce vœu. Nous nous abstenons de tout développement sur cette disposition, nous indiquerons seulement quelques-unes des conséquences qu'elle aurait.

La province reprend sa place légitime, et Paris n'a plus que la juste influence du nombre de ses habitants; ses aspirations, son désir de perfectionnement ne sont pas réprimés; il a la même facilité, plus de facilité, pour les faire connaître à la France, qui saura les apprécier; et les améliorations, admises après discussion, n'auront pas à craindre les effets de la réaction.

Le comice électoral permet de recueillir matériellement l'opinion publique, cette force insaisissable, qui, dans tout Gouvernement démocratique, doit seul inspirer les actes des gouvernants. Qui donc, aujourd'hui, peut prétendre connaître l'opinion publique? Qui n'est pas exposé et fortement tenté de la confondre avec sa propre opinion?

Il résultera de la présence obligatoire aux réunions du comice cette entente préalable tant et si souvent recommandée, sans succès, aux électeurs conservateurs, dont le nombre est incontestablement bien supérieur à celui des perturbateurs.

Le peuple souverain n'est plus un vain mot; tout électeur, quelle que soit sa position sociale, quelque retiré que soit sa résidence, peut soumettre une proposition d'intérêt général à tous les électeurs français. Le peuple, le vrai peuple et non quelques braillards avinés, règne et gouverne ; il a le droit d'interroger, d'ordonner. Le pouvoir, le Gouvernement, l'Etat c'est lui et les ministres, ces demi-dieux d'aujourd'hui ne sont plus que les exécuteurs de ses décisions, des inspecteurs auxquels il donne la haute mission de lui imposer l'exécution stricte de la loi.

Le comice détruira enfin ce reste du despotisme, cet abus, ce privilège inoui qui du jour au lendemain, fait, d'un homme trop souvent ordinaire, par la faveur d'un roi ou l'amitié d'un chef du cabinet, un être supérieur auquel un million de fonctionnaires doivent une obéissance passive une soumission d'esclave ; un ministre aujourd'hui peut imposer son caprice sur tous les points du territoire français, il peut faire changer la forme d'un clocher de village, il peut refuser d'aider l'établissement d'une école là ou les électeurs n'auront pas voté selon ses désirs !

Le comice ôte tout prétexte à l'émeute. L'émeute ne se fait jamais sans s'appuyer sur une revendication plus ou moins raisonnable, vraie ou fausse, mais toujours acceptée pour juste par les masses entraînées ; quelques idées spécieuses lancées du haut d'une borne suffisent, hélas souvent, pour causer la mort de nombreux innocents. L'orateur de carrefour sera renvoyé à son comice par le premier interlocuteur venu, ou bien sa proposition y sera portée, discutée et jugée devant ceux qu'il cherchait à tromper.

Un exemple bien frappant de l'heureuse intervention qu'aura le comice dans les émotions populaires : le 19 mars, de triste mémoire, les murs de Paris ont été couverts des affiches d'un prétendu comité de la garde nationale affirmant que 215 bataillons sur 250 avaient adhéré audit comité ; les protestations nombreuses, mais isolées, contestaient ce chiffre qui seul donnait un semblant de légalité à l'émeute. Une convocation dans les comices faite d'urgence par les maires, ce jour même, donnait certainement le démenti le plus formel à cette assertion et la plus honteuse des guerres civiles, sous les yeux d'un ennemi vainqueur, eût été arrêtée, un horrible cataclysme était évitée.

Le droit de réunion, si redouté des Gouvernements autoritaires , parcequ'il permettait de discuter leurs actes, entravé par toutes les législations et dès lors privilège exclusif des conspirateurs, devient obligatoire par l'institution des comices, il est alors réglé, dirigé, utilisé pour le maintien même de l'ordre.

Notre éducation politique, si nulle parceque nos institutions ne nous donnent aucune occasion de la faire, trouve dans le comice une véritable école d'enseignement pratique, où chacun peut apprendre à son voisin ou de son voisin les seuls droits de l'homme, ceux que donne l'accomplissement des devoirs de l'homme.

Il est superflu de faire ressortir combien l'étude des candidats serait bien plus sérieuse dans les comices que dans ces réunions dites électorales où chacun arrive avec la ferme intention de résister ou d'appuyer quand même tel ou tel nom.

Enfin, et ceci répond aux pessimistes, peu patriotes, qui exagèrent toujours les défauts de leur pays, puisque nous sommes un peuple léger, frivole, aimant le changement, le comice permet de modifier, de renverser même un Gouvernement sans secousse, sans pertubation des affaires, sans révolution, par une simple discussion entre 4 ou 500 personnes, répétée autan de fois qu'il y a de comices en France.

L'institution du Comice réalise donc les aspirations actuelles du peuple français, il assure l'ordre et la tranquillité, il réunit tous les partis dans la forme de Gouvernement qui n'est celui d'aucun parcequ'il est celui de tous, qui permet même aux prétendants de faire discuter leur prétention, qui proscrit à tout jamais le plébiscite impérial, le *gouvernement du Pays par le Pays*.

En quelques jours l'Assemblée peut discuter et voter l'institution des comices électoraux ; et, si elle croit alors devoir se retirer, elle laissera le Pays réellement le maître de lui-même, elle aura enfin achevé l'œuvre de la grande Révolution de 1789 interrompue pendant 82 ans.

Boulogne-sur-Mer,

MAI 1871.

Amiens — Imp. Alfred Garon

www.ingramcontent.com/pod-product-compliance
Lightning Source LLC
Chambersburg PA
CBHW060757280326
41934CB00010B/2508